JN411140

꽃마리의 연가

서정문학대표시선 · 49

꽃마리의 연가

초판 1쇄 발행 | 2019년 6월 20일

저　　자 | 양향숙

편　　집 | 디자인그룹 여우비
펴 낸 곳 | 도서출판 서정문학
펴 낸 이 | 차영미
주　　소 | 서울시 강동구 성안로31다길 8(천호동), 101호
전　　화 | 02-720-3266　F A X | 02-6442-7202
홈페이지 | http://cafe.daum.net/seojungmunhak.com
이 메 일 | sjmh11@hanmail.net
등　　록 | 2008. 3. 10 제324-2014-000060호

ISBN 978-89-94807-78-2 03810
정가 10,000원

이 도서의 국립중앙도서관 출판예정도서목록(CIP)은 서지정보유통지원시스템 홈페이지(http://seoji.nl.go.kr)와 국가자료종합목록 구축시스템(http://kolis-net.nl.go.kr)에서 이용하실 수 있습니다. (CIP제어번호 : CIP2019022079)

서정문학대표시선 · 49

양향숙 첫시집

꽃마리의 연가

서정문학

시인의 말

사느라 바빠서 나를 돌아볼 시간이 없었습니다.
내 안에 무슨 꿈이 있는 줄도 몰랐습니다.
그렇게 사는 게 인생이려니 하고 살았고, 앞만 보고 달려온 날들이었던 것 같습니다.
그러다 몇 년 전, 먼저 등단한 남동생의 시집 발간 소식이 자극이 되었고, 내 인생의 터닝포인트가 되었습니다.
둘러보니 풀섶의 작은 풀꽃들도 온몸으로 우주를 떠받치고 피어 있었습니다.
어설픈 인생이지만, 뒤늦게 시인이라는 이름표를 달았고, 60번째 생일에는 내 흔적들을 모아 시집을 내야겠다는 야무진 꿈을 꾸었습니다. 손으로 만져지는 내 것 하나 갖고 싶은 욕심이랄까요, 부족한 대로 이것이 오늘의 제 모습입니다.
이 『꽃마리의 연가』가 나올 수 있도록 물심양면으로 도움을 준 내 아우들과 자녀들에게 고마움 전하며, 많은 가르침을 주시고 시평을 써 주신 이훈식 선생님, 편집하느라 애쓰신 차영미 대표님, 함께 공부하고 있는 서정문학 문우님들, 항상 격려를 아끼지 않는 친구들과 지인들께 감사를 드리며, 졸시 「꽃마리의 연가」로 인사를 대신합니다.

꽃마리의 연가

작아도 너무 작아서
눈에 띄지도 않는 계집애가
풀섶에 오도카니 서 있다

들여다보면
얼굴 가득
연하늘빛 웃음을 머금은 채

그 자리 서기까지
종종 걸음으로
얼마나 먼 길을 걸어왔을까

하늘빛 미소 짓기까지
얼마나 오래
구겨진 시간을 문질렀을까

한 송이 꽃이라며
온몸으로 떠받치고 있는 세상이
하늘 향해 열려 있다

– 2019년 6월 양향숙 –

| 목차 |

2부

3부

4부

1부

12월의 환승역

마지막 잎새가
세월의 바람 앞에
파르르 떨고 있다

잿빛 비둘기 종종거리며
어둠을 물어 나르는 환승역

괴물 같은 기차는
씻김굿에 취한 사람들을
꾸역꾸역 게워낸 뒤

세월의 꽁무니에
힘겹게 잡아 탄 무리를 집어삼키고

시발역이 될
종착역을 향해 떠난다

마지막 잎새는
어둠 속에서
찬란한 환생을 꿈꾸고

나도
탈피를 위해 서둘러 떠나야겠다

2018년 모꼬지

산들이 다가와 손을 내밀고
흰구름 마중 나와 앞장 선다
가평 여행 펜션 주차장
기대감과 설렘
그리움과 긴장이 당도한다

맑은 개울물에 귀를 씻고
푸른 숲에 지나온 피로를 걸치니
오가는 말마다 한 줄 시詩요
나누는 마음마다 정情이다

넘치는 술잔에 은어가 찰랑거리고
밤이 익고 술이 익어
취기에 객기도 끼어들고
마음이 군고구마처럼 익어가는 밤
술을 못 마시는 나는
가까이하기엔 먼 당신이 된다

복제된 돈키호테들이
무용담을 들려주며
마실 나온 별들이
그들의 행성을 노래하고
정다움에 잠 못 드는 밤
초가을 바람이 문을 흔들고 다닌다

아쉬운 기약을 남기고
석별의 정을 나눌 때
밤새워 우릴 훔쳐보느라
뜬눈으로 지새운 낮달이
창백한 손을 흔든다

MT 스케치

평균 나이 오십칠팔
늙다리 소년 소녀들
기말시험 후
펜션에 모여 불을 지폈다

고기 굽는 냄새 골짜기를 채우고
전복이 뜨거워 스스로 돌아누우니
새우가 밤을 꼴딱 새우겠다고 버틴다

거북등 같은 손등에 공기돌이 올라타고
추억을 재기엔 철 지난 제기놀이
굳어버린 허리에 세월만 꺾인 림보
웃음소리에 별들이 내려다본다

밤늦도록 추억을 알코올에 말아 마시고
두세 시간 자는 둥 마는 둥
새들이 하루의 장막을 걷으니
벌겋게 충혈된 아침 공기는 커피 향

진흙 속에서도 도도한 홍련 백련
풀밭에서 네 잎 클로버 찾는 동심
허리 구부정한 할머니에게 사 온 감자
삶으니 하얗게 터지는 우리의 우정

가마우지의 꿈

75미터 굴뚝 위
가마우지 몇 마리
잿빛 하늘 바라본다

올가미를 풀고 싶어도
끊을 수 없는
가족의 생명 줄

날고 싶어도
어깨에 진 짐이 무거워
날 수가 없다

차가운 물속
버둥거려 잡은 물고기
다시 토해내고
주인이 던져주는 작은 먹이로
연명해야 하는 새

질긴 굴레 벗어나
새의 본능으로
날아오르고 싶다*

---

* 파인텍 노동자들의 장기간 굴뚝 위 농성 뉴스를 보고

가을 남이섬에서

솔향기 깔린 길에
은행잎 옷 갈아입는 소리
자작나무 봇짐 싸는 소리

나뭇잎 잎새마다
아이들의 웃음소리
이방인들의 악기 소리
대롱대롱
빛으로 매달려 있고

툭, 소리에 돌아보니
잣방울이 데구루루
청설모 귀도 밝지
잽싸게 입에 물고 달아난다

나는 가을 속에
가만히

귀만 열고 떠 있는
섬이어도 좋겠다
바람이어도 좋겠다

다람쥐에게 얻은
밤톨 몇 개
겨우내 추억 까먹으며
두고 온
소리의 안부를 물어야겠다

가을 하늘

툭 건드리면
파란 물감
와르르 쏟아져
하늘은 호수가 되고
하늘 호수에
종이배를 띄우면
서쪽하늘로 노 젓는 바람

비행운이 신작로를 내면
추억이 손잡고 걸어가고
미루나무 틈새로
숨바꼭질하는 낮달

흰 구름에 손가락 넣어
동그랗게 저으면
달콤한 솜사탕이 되고
한 입 크게 베어 물면

내 볼은 배시시
저녁노을 물든다

신작로 사라진 자리
철새들이 길을 내고
가을은
깊어진 하늘 속으로
사박사박 걸어간다

가을비

지난 계절을
보내지 못하는
나의 뜨락에

세월이 적어놓은
작은 엽서들
가지 끝에 매달려
비에 젖는다

빛나던 시간
잿빛으로 물들어
무겁게 가라앉고

그 위에 죽비竹篦처럼
눈먼 나를 깨우치려
내리치는 점자點字들

개망초

일제 강점기에도
전쟁의 포화 속에서도
짓밟히고 넘어졌어도
꺾이지 않은 목숨이었다

온 강토
빼앗긴 들에서도
주인임을 잊은 적 없고
성도 이름도
바꾼 적 없다

누구도
그 무엇으로도
눕힐 수 없던
때가 되면 우르르 일어서는
백의민족의 후손이다

가을여행

햇살 고운
구월의 마지막 날
친구 모친
여행 떠나셨다는 기별

다 비워내 가벼운 몸
기억까지 모두 지우고
깃털처럼 가볍게
하늘로 훨훨 오르시리라

황금 들판
억새가 하얀 손 흔들며
구름을 부르는 길 따라
햇살 위를 달리는 기차

마지막 여행을 떠나는
그녀를 배웅하러

나는
이별이 아름다운
가을 속으로 떠난다

갯벌

바다가 긴 날숨으로
저만치 물러나면
온갖 생명 품은 너는
젖먹이 어미처럼
퉁퉁 불은 젖가슴 풀어 헤친다

호미 든 사람들
너의 가슴 사납게 파헤쳐
구멍 숭숭 상처만 남겨놓고 떠나가면
비명소리 보람으로 삼키며
주름진 가슴 하늘만 바라본다

모진 목숨
움푹움푹 파이고 멍들어
가시처럼 야위어 가면
또다시 바다는
들숨으로 어루만진다

경칩

문 밖에 택배가 와 있었다
주문한 적이 없는

발신인을 보니
"봄"

상자를 열었더니

개구리 한 마리
폴짝 튀어나왔다

겨울 한강변

떨구지 못한 미련에
갈래갈래 엉킨 갈대
허연 쑥대머리
바람이 빗질한다

참새떼는
무성한 소문을
가지에서 가지로 잇고

1월의 소망은
감긴 얼레를 풀고
푸른 하늘로 날아오른다

햇살에 기대어
강가에 서면
변함없이
제 길 찾아 흐르는 강물

누가 이 겨울을
숨죽여 우는가
서걱대는 갈대소리 앞세워

경의선 숲길

기차가 사라진
끊어진 철길 위에
시간이 멈추고

멈춘 시간 위로
가을이 물들고
낙엽이 쌓인다

철로에 귀를 대고
엉덩이를 안테나처럼 세운
개구쟁이 소년은
박제로 남았고

책들이 두런거리며
어제의 길을 산책한다

책가방 맨 소녀는
먼 기억 더듬으며
네 잎 클로버를 찾고

기차의 이야기를
모르는 사람들이
무심한 얼굴로
오늘을 걸어간다

광명동굴

한 끼 밥을 위해
몇 천 번 가슴 치듯
정을 쪼아 바위를 뚫었던가
지하 몇 백 미터 바위굴
괭이 소리 속울음으로 울린다

뚫린 구멍마다
팔뚝 잘린 광부의 삶
어둠 속에서 더듬었던
출구 없는 희망
그 인고의 순간에도
새로운 생명은 태어나고
그들의 땀방울은
땅 속 깊은 호수가 되었다

캐내어도 내 것이 아닌 금과 은
내 것이 아닌 희망을 남긴 채

광명光明은 문을 닫았고
뒤에 온 자들은
구멍 숭숭 뚫린 폐에 불 밝혀
그곳에 불사른 수많은 영혼을
삼가 조문한다

그날처럼

비 내리던 날
우산을 쓰고
우연인 듯 다가와
다 영글지도 못한 가슴에
평생 나부낄 깃발 하나 꽂아놓고
사라져 가던 뒷모습

막다른 골목
터지는 울음 삼킬 때마다
속으로 가만히 부르면
가슴 조여오는
아직 남아 있는 날에도
부르게 될 그 이름

사는 동안
꼭 한 번은 만나고 싶은
내 봄날의 시작이요

끝인 사람

오늘도
그날처럼 비가 내린다

기다림

서쪽 산 밑에서
고즈넉한 산골 마을의 저녁은
손님처럼 찾아들고

송아지도 지쳐 어미 곁에 잠들면
별들 불 밝혀 밤마실 나온다

기다림이 긴 목 세우고
그리움이 동그랗게 눈을 뜨면
촉각은 산호珊瑚되어 촉수를 세운다

먼 데서 개 짖는 소리
그대일까
바람이 문 두드리는 소리에도
숨죽이는 저녁

뒤뜰 대숲이 흐느껴 운다

나비, 날다

애벌레 한 마리
죽음의 터널 같은
허물을 벗고
세상으로 나온다

팔랑거리는 날갯짓
바람에 기대어
하늘로 날아오른다

나비,
절대 자유

날개가
찢어질 때까지
자유를
날다

기호記號

높은음자리표에
참새들 모여 앉아
16분 음표 32분 음표
하늘 높이 띄우면

까치가 가끔
쉼표를 끼워 넣는 아침

바람이 연미복을 입고
포르테 피아노
안단테 아다지오
지휘봉을 휘젓고

고추잠자리 아가씨
빨간 드레스 입고 나와
도돌이표로 춤을 추면

가을 하늘은
빙그레 웃을 뿐
말줄임표……

김유정문학촌에 가다

반백의 흰머리 소녀 둘
청춘열차 입석 타고
햇살 같은 세상인심
소담하게 가슴에 받으며
김유정역에 도착했다

먼발치에서
스물아홉에 떠난 청년의 넋이
구절초 되어 손을 흔든다

김유정역에도
김유정우체국에도
김유정은 보이지 않고

깊이를 헤아릴 길 없는 하늘은
연꽃 사위어 가는 연못에
발을 담근다

마른 연잎 줄기에
각혈 같은 우렁이 알
요절한 이의 환생을 염원하며
망울망울 피울음으로 달렸다

날씨

그놈은 때로
지구를 태워버릴 기세로
불같이 화를 내다가

객쩍어
단풍잎 뒤에 숨어
스산한 고독이 되기도 한다

그놈은 갑자기
세상을 온통
분노로 꽁꽁 얼어붙게 하다가

제풀에 꺾여
들판에 훈풍을 풀고
꽃불을 놓기도 한다

변덕스럽고 난폭한가 하면

한없이 감미롭고 따스하기도 한
천의 얼굴을 가진 그놈에게
나는 속수무책이다

2부

남대문시장

국적을 묻지 않는 골목
지구촌 사투리가
캐리어를 끌고 다니고

도깨비상가
좁은 통로 사이사이
진짜도 가짜도
주문만 하면 다 나오는
마법의 가게들

가판에 펼쳐진
헐렁한 삶이
승리의 깃발처럼 나부끼고

뒤척거리던
내 허기진 꿈이
종종거리는 비둘기에
걸려 넘어진다

후미진 갈치골목
새벽부터
손님을 기다리는 시린 손끝에서
짭짤한 일상이
얼큰하게 다시 일어선다

남산 둘레길

가을 끝자락을 붙잡고
남산에 오른다

내 미련에
차마 지지 못한 단풍잎
처연하게 타올라
아쉬움을 사룬다

동네 깨복쟁이* 친구들의
정겨운 이야기가
갈잎으로 떨어지는 길 위에
가을은
남은 햇살 털어낸다

남산 타워는
나이를 헤아리지 않고

* 깨복쟁이 : 벌거숭이, 옷을 다 벗은 사람을 뜻하는 전라도 방언

꿋꿋하게 서 있고
무수히 많은
녹슨 약속들은
자물쇠로 걸려 있다

아쉬움 벗어 버린
쓸쓸한 산자락을
돌아서 내려올 때

초겨울 팻말이
마른 가지 끝에 매달려
귀가를 재촉한다

눈 내리는 날

먼 하늘에서
하얀 글자가 쏟아진다
암호를 달고
잡힐 듯 사라지는

느낌표를 던지고
물음표를 그리며
순식간에 사라지는
하얀 글자들

영화관에도
절두산공원에도
한강변에도

어디를 가도
풀지 못한 암호가
눈앞에 아른거리는데

무전기 타전처럼
뽀득 뽀득 뽀드득 소리만
끝없이 따라온다

돗토리 사구沙丘*

쥐어짜면
한 사발쯤 물기에 젖은
묵직한 어제를 걸치고
바람을 따라나선 발길

그 끝에
이국異國의 하늘과 바다가 맞닿아
나그네의 발길을 붙든다

바람이 세월을 옮겨
바다와 육지의 경계를 긋고
하늘과 땅 사이
살아있는 모래성을 쌓는 곳

돗토리 사구 모래언덕에
얼룩진 한숨을 묻고 돌아설 때

---

* 일본 돗토리현에 있는 사구(沙丘)

한사코

등을 떠미는 바람

뒤풀이

매워도 한참 매운 낙지볶음이 맛있다는
날마다 면벽수행하시는 선생님
씨알 굵은 땀방울에
아무도 판독할 수 없는 시 한 편 흐르고

시대만 잘 타고 태어났으면
여자 이순신 장군도 되었을 대표님
좌중 이끌어 가는 힘찬 노 젓는 소리
서정호는 순항 중

무른 가슴 들킬세라 창날 세워도
한 겹만 벗겨내면 장난기
말랑말랑 사랑꾼 장 시인님
오늘도 볼 빨간 소년

생활이 시요 시가 생활인 회장님
두루두루 이웃 배려하시느라

끼니도 거르고 식성도 양보하신 심성
찰랑찰랑 맥주 한 잔 드세요

새우튀김은 통째로 먹어야 한다는 말에
말똥말똥한 새우 눈알 쳐다보다
눈 질끈 감고 삼키고 만
태생이 좀 모지리인 내가
술 마시지 않고도 취하는 자리

망원시장, 잼

치열한 하루가
희미한 전등 빛으로 바뀔 즈음이면
망원시장은
그물에 갇힌 물고기처럼 파닥거린다

흠집 나고 거친 것
농익거나 못나 남겨진 과일이
떨이로 내몰려 헤프게 웃으면
가던 길 뒤돌아
보따리 가득 안고 돌아온다

손질하여 설탕 넣어 졸이고
노동의 땀방울 같은
소금 약간 넣으면
더욱 진해지는 풍미
오래 두어도 변하지 않는
잼으로 다시 태어난다

망원시장은
조금 못난 것들도
일상의 무게로
날마다 새롭게 눈을 뜬다

모과나무

해마다 항아리 뚜껑 두어 개씩 박살내는
아름드리 모과나무는
양을라의 몇 대 손이 심었을까
술에 취할 때마다
아버지는 모과나무를 발길질했다
화투판에서 돈을 잃고 온 날도
손 아랫놈에게 멱살잡이를 당하고 온 날도

어느 해
발길질하던 모과나무
집안 내력을 꿰뚫고 있는
장독대 위 그 모과나무를
아버지는 뿌리째 팔아버렸다
해묵은 울분을 뽑아버리듯

발길질할 대상이 없어진 아버지
뿌리내리지 못해 떠돌던 아버지는

서너 해 뒤
뉘 집으로 옮겨갔는지도 모를
모과나무를 찾아
펼칠 것도 없는 봇짐을 싸
홀연히 떠나버렸다

그 후로 봄이면
얼근하게 취한 아버지가
모과나무 이파리에
가릴 듯 보일 듯
진분홍으로 피었다

문득, 바람

너는 문득
도둑처럼 창문을 타고 넘어와
귓불에 입김을 불어넣고
가라앉은 오감을 헤집는다

머리카락을 쓰다듬고
볼을 어루만지며
목덜미를 더듬는 손길

주린 갈망이
너에게 들키고
살갗을 간질이는 유희에
나는 전율한다

머물지 않을
너인 줄 알면서
거부치 못 할 손길에

나를 맡긴다
눈을 감는다

오늘 밤은
혼절하듯
너의 품에 쓰러져
죽음 같은
깊은 잠에 빠지고 싶다

바느질

너덜너덜 헤진 옷 걸치고
맨발로 길을 나섰던 날
음력 섣달 바람이
내 곁에서 울부짖었다

살 속마다 박힌 것들이
미움인지 사랑인지
바늘 같은 갈기를 세워도
아픔마저 물러설 곳이 없었다

벼랑 끝에 앉아
찢긴 마음에 속울음 덧대어
날개를 깁던 날들

이제 나는
작은 나의 하늘로 날아오르기 위해
한 땀 바람을 기다린다

박꽃

설움도 모르는
너의 맑은 눈길에
밤하늘이 열리고

이름 모를
네 그리움에
달이 차오른다

밤이 새도록
하얀 버선발로
마당가 서성이다

날이 새면
내 가슴팍에 쓰러져
별이 되는 소녀야!

바다 부채길

눈 먼 사공이
떨구고 간 등대
저 홀로 떠 있는 바다에
갈매기가 초혼가를 부르고

뭍으로 기어오르다
허리 부러진 바위들
갈비뼈 틈새
숭숭 뚫린 검은 심장에
하얀 포말이 암각화를 그린다

천 년을 벗어나려 몸부림쳐도
놓아주지 않은 해변에 앉아
내 지나온 시간이
어깨 달싹거리고

먼 기억이 출렁이며 출렁이며

한숨 토해내는
동해의 짙푸른 물살 토닥이며
에움길 걷는다

바람의 기억

길바닥에 깔린 열기가
소리 없는 함성을 지르면
접어둔 기억이
비틀거리며 걸어 나온다

어느 여름
성산일출봉 등성이
우거진 수풀 사이로 만났던
초록 바람

통영 앞바다
물살 가르던 뱃전에서
떠나보냈던 바닷바람
세월 몇 바퀴 돌아와
코끝을 간지럽힌다

아릿한 물빛 그리움

몸살로 눕기 전에
바람의 시원始原을 찾아
나는 떠나야겠다
떠나야겠다

밥그릇

여행계획이 박살났다
산산조각이 난 꿈을
주머니에 구겨넣고
땅을 보며 걷는다

빈 깡통을 찾아도 보이지 않는
인정머리 없는 거리
발길질마저 기회가 없다

잿빛 건물을 배경으로
눈치 없는 벚꽃이
펑펑 소리 내며 터지고 있다
하늘이 거봐란 듯 껄껄 웃는다

나무 밑 길고양이
제 밥그릇 빼앗길까 경계한다
그래, 그보다 더 두려운 일 없지

단단한 그것 앞에
나는 맥없이 쪼그라든다

별똥별

문풍지 우는 소리에
새벽잠 깨어 밖으로 나오면
달빛 긷는 토방에
두런거리는 검정 고무신 몇 켤레

마당에 내려서면
하늘 가득
까만 융단에 뿌려진 보석들이
천상의 전설을 쏟아낸다

별똥별 떨어져
가난한 소녀의 등불이 되고

반짝이는 보석 한 줌
가슴에 품고
다시 잠자리에 들면

쏟아져 내린 천상의 전설이
소리 없이
꿈속으로 따라 들어온다

병가病暇

묵은 갈증이 기침을 불러와
잠을 난도질하고
끌려온 의식은
밤새 무성하게 가지를 친다

흥건하게 식은땀으로 번진 미련함이
떨치지 못한
하루를 끌어내리고

접힌 하늘 펼쳐 반성문을 쓰니
맨살로 드러난 부끄러움이
쓴웃음 짓는다

실밥 터진 우울을
온종일 깁는 하루
하늘은 왜 또 글썽이는가

봄날 아침

밤새
초록 물감 풀어
덧칠하고 다니던 바람

아침이면
풀잎 위에 쓰러져
이슬방울로 어리고

해님이 잠 깨어
기지개 켜면
후드득 쏟아지는 햇살

꽃그늘에 잠든 나비
화들짝 깨어
몸단장한다

봄

늙은 나무에
물오르는 소리
버들잎 잠 깨어
수런거리는 소리
야트막한 야산이
기지개 켜는 소리

바람이 꽃망울에
수작질하는 소리
햇살이 꽃잎에
간지럼 태우는 소리

내 가슴엔
그리움에 꽃물 번지는 소리

천지가 소란스러워
불면이 도지고

시인이 가슴앓이하는
뒤숭숭한 소리

봄나들이

양지쪽 마른 가지 틈새
겨울을 뚫고 나온 새싹들
나풀거리던 시절
들판 누비며 나물 캐던 친구들 그리워
쑥을 뜯는다

이웃집 단발머리 여자애 서넛과
일찍 떠난 감나무집 동창애가
해맑은 웃음으로 다가오고
등 뒤엔 햇살도 와 앉는다

우리는 동그랗게 앉아
하굣길 삐비* 뽑고 생키** 꺾던 이야기
솔밥*** 따 먹던 이야기를 나누고

---

* 삐비: 삘기의 전라도 방언

** 생키: 소나무 껍질을 벗기면 나오는 하얀 막으로 액즙이 나오고 산뜻한 소나무향의 단맛이 난다

*** 솔밥: 송화의 전라도 방언

강에선 은빛 물비늘이
개구쟁이 사내아이처럼 뛰어 다닌다

우리의 이야기는 연둣빛 물이 들어
버드나무 실가지에 번지고
쑥향 머금은 바람은
살랑살랑 그네를 태운다

불면증

물음표를 매단 상념들이
밤새도록 거미줄을 치고
가위손을 가진 여자는
허공에 빈 가위질을 한다

벗어나려 몸부림칠수록
거미줄은 동아줄이 되어 조여오고
벼랑 위 외나무다리
높아만 간다

차마 들추지 못하는
천형 같은 상처가
진득한 고름으로 차올라
울음마저 막아버리면

벼랑 위 거미줄
추락하고 싶은 밤

히프노스*여
내 차가운 이마에
손을 얹어다오

* 히프노스 : 잠의 신

불일암佛日庵 가는 길

구도자의 등줄기같이
앙상하게 드러난
뿌리를 밟고
길을 걷는다

산새 소리 따라오고
조릿대 사락거리는
오솔길 오르면

펼쳐진 산들이
내게 내려놓으라 하고
풍경소리는
귀를 씻으라 한다

비우면 가벼워진다 하고
굽이진 길은
돌아서 가라 하는

앞서 걸어가신
님의 말씀
바람 되어 귓가에 맴돈다

3부

비 내리는 선암사

풍경소리에
시나브로 색色을 벗고
잿빛 승복 갈아입은 단청丹靑이
겨울비에 법문으로 흐른다

목탁소리에
여덟 손가락 모아
불심으로 꽃 피운
하얀 팔손이꽃은
찬불가를 부르고

노란 별무리로 피어
구도求道하던 산수유의
떨구지 못한 핏빛 번뇌는
염불소리에 야위어간다

기별 없이 찾아간

고요한 산사에
세상 때 남길세라
조심조심 돌아 나온다

비 오는 날은 숲으로 가자

비 오는 날은 숲으로 가자
젖은 나무향 삼키며
꺼억꺼억 울어도 좋을
비 오는 날은 숲으로 가자

내 부끄러움 가리어 줄
자욱한 안개치마에
역겨움 오만 쏟아내고
적당히 헤매어도 좋을
비 오는 날은 숲으로 가자

떠도는
눈물, 한숨, 회한, 먹먹함……

영롱한 구슬로 만들어
풀잎에 앉은 이슬이듯
툭툭 털며
비 오는 날은 숲으로 가자

비 오는 출근길

아련하게 젖은 메타세쿼이아
초록 향 바닥에 흥건하고
다가가는 만큼
가슴 열어주는 가로수길
촉촉한 눈길로
아침 안부를 묻는다

잠이 덜 깬 안개는
부스스 일어나
속치맛바람으로 따라오고
길 가던 바람이
어깨를 토닥이는 출근길

하루치 일상을 등에 업고
발등의 물방울
툭툭 차며 걷노라니
우산 위의 빗방울
토도독 장단 맞춘다

사월

흐드러진 꽃무리에
그리움 엮어 걸어두면
시간은 촘촘하게
햇살을 그물질하고

목이 긴 수수꽃다리
보랏빛 향기로
사월을 노래한다

주소 없는 바람의 집에
꽃비 내리면
갈 곳 잃은 내 마음이
함께 뒤척이고

길을 내며
앞서 간 계절이
어서 오라고 손짓한다

새벽 빗소리

새벽을 두드리는 소리에
귀를 세우는데

의식은 어둠에 갇혀
나락을 헤맨다

빗소리
파도처럼 밀려와
무의식에 묻히고

심해에서 허우적대는 물고기
게으른 잠꼬대를 한다

알람이
토막 난 꿈을 건져 올리면

빗소리는
도마 위에서 아침을 요리한다

섬(19년 봄 서정문학 문학기행)

오래 전 잃어버린 섬이 있었다

자궁 속처럼 유영하던 곳
기억 저편에 가라앉아
물비늘로 튀어 오르던 날들

아릿한 바람 내음을 따라
헤매어온 날들 거슬러
작은 나룻배에 몸을 실었다

손바닥에 햇살을 쥐어보고
볼에 바람을 비벼본다
배냇짓으로 나물을 캐니
울컥,
양수 내음이다

세상에서 비껴 앉아 있던 섬에

팻말 하나 세워놓고 돌아서니
한사코
바람이 발을 걸었다

수액

혈관이 안 보인다며
가느다란 핏줄을 찾아
살 속 깊이 바늘을 꽂는다

금이 간 목소리를
전화기 너머로 듣고
득달같이 달려온 동생은
전생에 나와 무엇이었을까

낯선 물질이
마른 나무를 타고 올라가
줄기에서 가지로
가지에서 잎으로
번지는 소리에 귀를 기울인다

어쩌면 우리는
이 가지에서 저 가지로

저 가지에서 이 가지로
번지며 스며드는
초록의 수액 같은 것이었을까

시詩 1

내가 나무라면
가지에 앉아
종일 지저귀는 종달새 노래

내가 산이라면
골짜기 휘감고
여울져 흐르는 시냇물소리

내가 강이라면
봄날 물살 가르는
나룻배의 노 젓는 소리

내가 바다라면
고요한 아침
윤슬의 일렁거림

내가 하늘이라면

그리움 따라
밤하늘 건너는 은하수 징검다리

시詩 2

생각이
머리채를 휘어잡고
알싸한 낱말 하나
귀에 물음표를 매단다

욕망이
식도를 타고 흐르고
낯선 그리움은
심장에 화살을 쏜다

오장육부 관통한 설렘이
구석구석 투망질 해
앳된 사유를 끌어올려
평직平織으로 짜내면

달뜬 가슴 열고 나와
수줍은 몸짓으로

내 눈높이에 걸리는

시詩 한 편

시인을 읽다

민들레의 일가로 태어난 아이
하늘에서 밥도둑질하다
벌로 땅에 떨어진 땅강아지
붓꽃 칼날 휘둘러
붓꽃을 치는 돈키호테

소리끼리 한 핏줄인 말이
공기돌 같은 그의 장난감
전봇대에 시를 쓰는
물소리가 만들어 동사動詞인 시인

이승에서 저승까지 닿는 키로
하늘에 올라
견우직녀 놀이하다가
발이 삐끗하여
별똥별 되어 지상에 떨어진
돌멩이 하나

주워보니 금강석이었네

우랄알타이어로 쓴 시에서
별들이 쏟아지는 밤에
주인 없는 시를
훔치고 싶은 밤에
일흔 즈음에 애나 하나 낳고 싶은
아무것도 잃은 게 없는
눈이 까만 별에서 온
어린왕자를 보았네

-민용태 시인의 『파도가 바다에게』를 읽고-

아침고요수목원의 불빛축제

밤하늘 별들이
지상으로 쏟아져 내려
푸른 바다 물결 되어 일렁이고
흰 돛단배 되어 떠 있고
뛰어오르는 돌고래가 되었다

큐피드의 화살은
붉은 심장을 쏘아대고
연인들의 가슴에는
오색장미가 피어난다

천년의 학은
푸른 소나무에 사뿐 내려앉아
천상의 노래 부르고

별을 따러
별처럼 모여든

별을 닮은 사람들
새로이 탄생한 별자리에
사랑하는 이의 이름을
새겨 넣는다

한 쌍의 별이 된
자매의 이야기를
천년향에 매달아 놓고
꿈속을 빠져나올 때
별을 잃은 캄캄한 하늘에
상현달 홀로 밤을 건너고 있었다

안산 자락길

애기 단풍나무
잎사귀 사이로
방울방울 쏟아져 내리는 햇살

바람이 슬쩍
은행나무 건드리면
수백의 노랑나비
나풀거리는 날갯짓

파란 하늘에
낮에도 별로 뜨는
빨간 팥배나무 열매

귀밑까지 노랗게 물든
키다리 메타세쿼이아는
온종일 근엄한 보초병

안산을 껴안고 도는 자락길에
바람이 돌고
세월이 길을 찾는 11월

오늘은
내가 낮달로 떠
계절을 건넌다

앞마당

내가 태어나기 전부터
아버지의 아버지
그 아버지의 아버지도
어린 시절 뛰어 놀았던 마당

막내 고모 혼례상이 차려지고
할아버지 할머니
먼 길 떠날 때
밤새워 꽃상여 놀리던 곳

가을이면
덕석* 가득 빨간 고추
등 비비며 자리다툼하고
도리깨가 허리춤을 추면
데굴데굴 웃던 알곡들

---

* 덕석 : 멍석의 전라도 사투리

소복이 눈이라도 쌓이는 날이면
밤늦도록 풀어놓은
달빛 이야기들이
싸리꽃 단 향기가 되어
내 가슴에 피어났었지

아직도 하늘 아래
모든 그리움이 정 하나로
다 모여들 수 있는 곳

올망졸망 그 많던 식구들
세월 따라
하나 둘 떠나고 이젠
빈 쭉정이 같은 햇살만
등 돌리고 섰는
마당

약식을 만들며

차진 엄마의 사랑과
먼 남국 사탕수수의 그리움
주저리주저리
포도의 목마른 사연

잔잔한 일상의 이야기와
짭조름한 염려도
한 데 넣어 버무린다

부족함 없이
넘침도 없이
잘박하게 안치면

마구 퍼 주고 싶은
나의 사랑이
진한 계피 향으로
밥솥에서 익어간다

다시 한 번
삶이 쫀득해지고
입 안 가득
견과류 고소하게 씹히는 시간
그대와
함께 나누고 싶다

양화진 순교 묘역에서

이 가난하고 작은 나라에
선교를 위해
사랑의 실천을 위해
먼 이국땅에 와서 잠든
갈색 눈과 노랑머리 이방인들

부르기도 낯선
셔우드 홀, 필립 로
언더우드 가족, 에비슨 가족
수많은 간호 선교사들

단풍나무는
아낌없이 태우고
홀연히 지라 하고

새들은
추락을 두려워 말고

날아오르라 한다

하늘 문이 열리는 11월
나 여기 잠시
지친 걸음 멈추고
본향의 소리 듣는다

선유도

한강물 에돌아 흐르고
바람이 세월을 나른다

섬으로 살던 사람들
사연 한 보따리씩 품고 와
강바람에 푼다

비우면 채워지는 게
회한인가 그리움인가

흐르는 강물도 길이 있고
떠도는 바람도 갈 곳이 있는데

사람은
무얼 놓지 못해
흐르지 못하고
강둑에 파도 치는가

어떤 약속

양쪽 다리에 철심을 박고
스스로는 물 한 모금 삼킬 수 없는
반신불수의 늙은 아내

그녀가 할 수 있는 건
호스로 들어오는 유동식을 받아들여
똥과 오줌을 만드는 일

움직이는 한 손으로
코에 꽂은 경관 줄을 빼려는 발버둥
우우 신음 몇 번으로
존재를 알리는 일

그 곁에서
하루도 빠짐없이 돌보는
남편의 10년 세월

여행

산하를 가로질러
터널을 뚫고 기차가 달린다
현재의 것들 사람들 내려놓고
세상의 소리도 sns도 닫아놓고
젊음을 태웠던 이십사 년의 기억을 더듬으며
3월의 기차가 달린다
아직은 황량한
들판 가운데 들어앉은 마을은 무심하다
냇물은 들판 허리를 감아 돌고
여기저기 섬처럼 떠 있는 봉분 앞에
조화 몇 송이
무엇이 내 수레바퀴를 돌렸는지
무엇이 이십사 년의 기억을
수장시켰는지는 생각하지 않기로 한다
죽어도 지울 수 없는
몇 조각의 그리움이 이끄는 길로
내 안으로 관통하는 기차가 달린다

이제 곧
그리운 사람들이 꽃다발을 들고
기다리고 있는 신경주역
떠나왔어도 온전히 떠나지 못한
내 영혼의 노제를 지내고
퇴색된 기억의 명패마저 사룰 것이다

열대야熱帶夜

낯선 시어들이 나붓대며
앉을 곳을 찾지 못한 나비처럼
어지럽게
어둠 속을 날아다닌다

밤새 생각은 거미줄을 치고
관절마다 들어차는 습기
에스컬레이터를 탄 몸뚱이는
내리막이다

등줄기 젖도록
망상에 뒤척이다 보면
끈적하게 떠다니던 단어들이
어둠을 물고 달아나고

눈꺼풀 위에
세상 무게 얹힌 아침

거미줄에는
위태롭게 두통이 걸려 있다

연밥

하늘과 바람과 구름이
너의 초혼을 준비하려
몇몇 날을 부산스러웠을까

순백의 신부로
피어났을 너

긴 기다림과
짧은 사랑의 애절함이

가슴 속에
알알이
멍울로 박혔구나

염색

딸아이가
어미의 빛바랜 청춘을
까맣게 덧칠하는 오후

늦겨울 햇살이
졸음을 몰고 와
빗질 위에 앉는다

눈 감으면
잡초처럼 우거진
지나간 세월이
쓰러져 흐느끼고

눈을 뜨면
덧칠하며 살아야 하는
구차한 삶이
햇살과 눈맞춤한다

4부

유리 구두

그녀의 시는 낯설다
사각형이 아닌 다각형
아니, 어쩌면 나선형

낯선 길을 따라가다 보면
어느새 익숙한 골목이 나오고
삐걱거리는 마루가 나오고
오래된 우물이 나온다

우물에서 오후의 해를 길어 올리면
두레박 가득
노을빛 기억이 넘실넘실

그녀의 우물에 빠진 오후는 나선형
그 길을 따라가면
유년의 고향 동무들과
보리밭에서 놀라 푸드덕거리는 꿩과

솔숲에서 부는 바람을 만난다

그녀의 시는
옛 기억으로 연결되는
나선형 통로 입구에 놓인
반짝반짝 빛나는 유리 구두

윤슬*

강물 위
빛의 마술 공연

휘장 한 번 휘두르면
백만 송이 메밀꽃 피어나고
메밀꽃 송이송이
팝콘 되어 튀어 오른다

손짓 한 번에
좌르르 보석이 쏟아지면
바람이
슬쩍 써레질하고

은어떼로 변한 보석
파닥거리다 쓰러져

---

* 윤슬: 햇빛이나 달빛에 비치어 반짝이는 잔물결. 순우리말. 물비늘이라고도 함

꽃으로 피어난다

수면은 거울이 되고
쏟아지는 은빛 화살
시위를 당겨
내 가슴팍에 쏘아대면

아,
눈 먼 현기증……

인사동 골목

사진사는 시간을 가두고
화가는 풍경을 가두어
형틀에 묶는다

늙은 여류화가는
낡은 의자를 돌려 앉아
어느 행성의 장미와
단풍나무 숲길을 그리고

팔이 없는 사람들은
입과 발로
제 삶의 무게를
날개 달아 하늘로 띄운다

갇힌 시간은
빛을 받아 흐느적거리고
갇힌 풍경은 화폭을 찢고 나와

거리를 활보한다

아무리 가두어도
인사동 골목엔
옛것과 새것이 흐르고
너와 내가 흐르고
서로 다른 언어가 뒤엉켜 흐른다

일요일 오후

햇살에 기대어 독서 중
나른함에
눈꺼풀이 무너져 내린다

문득
한낮의 경계를 뚫고
가까이서 부엉이 울음소리

읽고 있던
소설 속 주인공 채식주의자가
물구나무를 서서 나무가 되고
부엉이는 그 가지에 앉아
일요일 한낮을 가로지르는 걸까

부엉이 소리에 놀라
찢긴 시간을 꿰매는
일요일 오후

햇살은

졸음을 몰고 와

또 다시 건들거린다

자락

우리 집은 구불구불 골목길 올라
고샅길 끝자락에 있었다
아버지는 물려받은 바른길 지름길 두고
거나하게 취하는 날이면
진창길 두렁길로 다니셨고
엄마는 비탈진 언덕길
물동이 이고 시집살이 고달팠다
우리의 어린 시절은
비만 오면
흙탕길로 변하는 신작로 길에서
운동화에 황톳물이 들기 일쑤였다
가을이면 오솔길 지나 덤불길 헤치고
보리수 으름 따먹으러 다녔고
내리막길 미끄럼 타듯 내려올라치면
돌너덜길*에 미끄러져
무릎을 깨기도 했다

---

* 돌너덜길: 돌이 많이 깔린 비탈길

세상 모든 부모들이 그렇듯
우리 부모도 자식들이
꽃길 큰길만 걷기를 바라셨겠지만
산다는 것이
자갈길 가시밭길이 더 많기 마련이어서
저마다 오르막길 벼룻길*
등굽이길** 눈석잇길***도 걷고
가끔은 곧은길 비단길도 걸었다
어쩌면 우리네 인생길이란
에움길**** 굽이굽이 돌아
첫 자락을 찾아가는 것이리라

---

* 벼룻길: 강가나 바닷가 낭떠러지로 통하는 비탈길
** 등굽이길: 등처럼 굽은 길
*** 눈석잇길: 눈이 녹아 질척거리는 길
**** 에움길: 빙 둘러서 가는 길

일상

나는

동그라미 일상에

네모의 생활을 하며

세모를 꿈꾼다

적막寂寞

햇살이
풀어놓은 그림자 거두어가고
바람이 놀다 지쳐
제 집 찾아 돌아가면

저녁놀은
기러기 떼 몰고 오고
밥 짓는 연기는
수묵화를 그린다

어두워진 고샅길
고요가 찾아들고
내숲의 참새 떼
등 기대어 묵언수행

별들마저 잠 들면
소녀는 호롱불 밝혀
수취인 없는 편지를 쓴다

창문

아침 햇살이
두드리는 창문

바람이
승무僧舞 한 자락 꺾인
춤사위 끝에
참새 소리 물어온다

파란 도화지 위에
그림 그리던 흰 구름
마녀가 빗자루 타고
날아다니는 한낮이다

제비는 길 없는 길을
엇박자로 날고
빨간 잠자리는
하루의 도돌이표다

목쉰 매미 소리
기웃거리는 시간
나의 창가에
잠시 머물다 가는 낮달

첫날

설렘 품고 가던 바람이
삼월의 알싸한 운동장에
단발머리 소녀들 내려놓고
뒷짐 지고 지켜본다

각이 서지 않은 교복 바지
헐렁한 윗도리
따라온 호기심이 두리번거리고
교장 선생님의 연설은
고무줄처럼 낭창하다

골목골목 뛰놀던 분망함이
봉긋하게 망울진 가슴으로
봄의 초입에 줄 지어 선
중학교 입학식

첫눈

그에게서
기별이 옵니다

저는
공연히 두근거립니다

먼 기억들이
가슴에
하얀 발자국을 냅니다

그 길을
가만히 따라가면
그에게
닿을 것만 같습니다

축제의 서곡

햇살 따사로운 홍제천
맨발의 왜가리
긴 기다림에
한 뼘이나 길어진 모가지로
교태를 부리고

한 쌍의 청둥오리
물가에 서서
짧은 봄날에 쫒기듯
깃털 치장에 분주하다

물오른 수양버들
간드러진 춤사위에
포롱포롱 참새떼 줄넘기하고

벚나무에 걸터앉은
만삭의 저 여인들

양수 터지는 날
축포 소리 요란하겠다

친정집

돌담 틈새 손바닥 선인장
주인 할매 안부를 기웃거리고
대문 옆 무화과 열매
붉은 속살 터지면
까치 떼 모여 와 헛소식만 전한다

바람 돌아나가는 넓은 마당가
작약꽃 어지럽게 피었다 지고
설악초 하얀 한숨
동구 밖 기웃거린다

다 퍼내어 허기진 장독대
저 홀로 늙어가고
모과나무 감나무
그림자놀이에 지치면

홀로 사는 노모가

온종일 기다림 기워
펼쳐놓은 밤하늘에서
잔기침 떨어진다

토요일 아침

토요일 아침
무의식이 관성의 법칙을 따라
알람을 울린다

꿈 밖으로 떠밀려
비틀거리는 생각들이
여름날 들풀처럼 자라고
묵직하게 덧댄 피로는
눈꺼풀 위에서
누르기 한판을 한다

들풀 우거져 집을 짓고
성긴 울타리를 치면
참새 떼 몰려와 아침을 쫀다

늘어진 시간이 태엽을 감고
어슷썰기 하던 생각들이

벗어놓은 옷을 걸치면
갈증 난 하루가
방문을 두드린다

파김치

폭염에 바스러진 흰머리
사정없이 잘라내고
갈래갈래 웃자란 근심을 쪽쪽 갈라
묵은 각질 벗겨내니
감춰진 하얀 속살
수줍은 듯 드러난다.

때 묻은 세월
정갈하게 씻어내고
일상의 짠맛 매운맛에다
손맛을 더 넣고
곰삭은 눈물 같은
액젓으로 버무려
기다림으로 묻어두니
바로 어눌한 내 인생의 발효이다

부침개에 파김치 척척 걸쳐

막걸리 한 사발씩 들이키는
자식들이 오지다

이 맛을 보려고
매운 파 다듬으며
눈시울이 붉었던 시간들이
환한 웃음으로 넘어간다

한강변

붉은 치마폭이
잿빛으로 물들어가는 하늘가
무료했던 낮달이
회화나무 우듬지에 걸터앉고

한낮의 열기에 취한 사람들
바람의 손을 잡고
삼삼오오 모여든다

불꽃같이 짧은 생애
목놓아 우는 매미소리에
심지 돋우는 가로등 불빛

굴렁쇠 굴리던 유년의 기억이
페달을 밟고
발자국 소리에 이야기꽃이 피어나면
토라진 코스모스

어둠 속으로 숨는다

둔치 계단에 누워
숨바꼭질하는 별들을 세노라면
강물은 바람의 길을 따라
서울의 잠 못 드는 밤을 안고
세월의 뒤안길로 흐른다

호박죽을 끓이며

구부러진 노모의 손마디처럼
깊게 골 패인 호박 한 덩이
한 여름 견딘 시간
노란 속살로 여물었다

지난 근심 한쪽
엄마의 기다림 한쪽
짠 내 나는
세월 한쪽씩 쪼개 넣고
푹 삶아 체에 걸러

액막이 팥을 넣고
넘치도록 받은 사랑
한 움큼씩 덜어 넣어
뭉근하게 죽을 끓인다

신세 진 이웃에게 전하고

사랑하는 자매들과 나누니
달콤한 호박죽 속에서
내 마음처럼
톡톡 터지는 팥 알갱이

호수공원에서

세모난 일상의 꼭짓점을 열고
한 발짝 선을 넘으니
마중 나온 햇살이
앞장서 걷는다

키 작은 봄맞이꽃
하얗게 웃는 길을 따라
제비꽃 총총총 따라오고
냉이꽃무리 어깨동무하고
손을 흔든다

온종일
혼자 놀다 지친 해가
호수에서 물장구치면
물비늘은 메밀꽃으로 피어나고

퇴근시간 되었다며

해를 건져 올린 바람에
옷자락이 걸린 나는
호수에 빠진 풍경을
소쿠리 가득 주워 담는다

화담숲의 겨울 이야기

계절이 떠난 자리
박새들이 빈숲을 지키고

솟구치던 분수는
고드름 창날 세우고
위풍당당 보초를 선다

한때
하늘을 찌르던 무성함이
시간 앞에 무너져
엎드린 채 때를 기다리는데

분재 온실 속 매화는
봄이 미어지도록
햇살을 머금고
철모르는 모과나무는
푸른 힘줄 울근불근

지그재그 오르막길
솔방울 하나 집어 드니
지난 계절의 이야기
진한 솔향기로 풀어 놓는다

흑석동 소회所懷

흑석동 비탈진 언덕배기에
달빛 내려앉으면
웅크린 가난이 부스럭거린다

바람은 좁은 골목골목
한숨소리 휘젓고 다니고

옥상에 널린 빨래가
수습하지 못한
절망의 깃발처럼 나부낀다

내려다보면
가난한 꿈들이 네온으로 피어나고
저만치 슬픈 다리는
밤 허리 휘어 감고 강물에 투신한다

뒤척이는 강물

비탈진 삶이 잠꼬대하는 밤
흑석동 언덕배기
바람의 이야기를 듣는다

해설

자아의 표출, 그 내면의 이야기들

이훈식(서정문학발행인, 시인)

먼저 양향숙 시인의 첫 번째 시집 발간을 축하드린다. 왜 시를 쓰냐고 물으면 시인마다 다 다른 대답을 할 수 있겠지만, 내 경우에는 시를 쓴다는 것은 필명을 얻기보다는 그나마 살다간 흔적을 조금이나마 남겨보려는 작은 욕심이기도 하다. 사실 그 욕심마저 버릴 수 있어야 하는데 아직도 범부凡夫의 자리에서 이탈하지 못하고 늘 제 자리에서 맴을 돈다.

아마 양 시인도 시집을 발간함으로서 어떤 명예나 필명을 얻고자 함이 분명 아니리라. 살아 온 나날을 한 번쯤 시어로 반추해 봄으로서 오늘보다 더 나은 내일을 꿈꿔보는 작업이 아닐까 하는 생각이 먼저 든다.

시인이 시를 쓴다는 것은 삶의 결핍, 즉 일상에서 오는 채워도 채워지지 않는 목마름이요, 세상에 대한 새로운 발견과 그 사유에 내재되어 있는 가치를 자기만의 언어로 표출해 보고자 하는 구도의 길 같은 것이다. 그러므로 시인이 인식하는 세계는 아픔이 아픔으로 끝나지 않고, 그 아픔이 시어로 이 세상에 배설되어졌을 때 응어리진 가슴을 풀어내는 마음의 정화과정(catharsis)이고 시어로 재생산된 인식과 가치를 통해 사유의 폭이 넓어지고 깊어지는 시인만이 갖는 특권 중의 특권을 누리기 위해 오늘도 원고지를 펼치는 것이다.

어찌 보면 시인은 자기만의 시각과 상상력을 통해 또 다른 세계를 만들어내는 무소불위無所不爲의 창조자이기도 하다. 그래서 창조의 길은 산고가 따르기 마련이다. 양향숙 시인의 시는 일상에 자그마한 것들을 소재로 삼아 생명에 대한 경외감과 그 친밀성을 언어라는 도구를 통해 내재화 시키는데 성공한 시인이다. 단순히 관찰자 입장이 아니라 소재를 자기화 시키며 주관자가 되기도 하고 객관자가 되기도 하며 자기 언어에 대한 탐구를 끊임없이 시도하고 있는 작가이다.

세월이 적어놓은
작은 엽서들

가지 끝에 매달려
비에 젖는다.

빛나던 시간
잿빛으로 물들어
무겁게 가라앉고

그 위에 죽비竹篦처럼
눈먼 나를 깨우치려
내리치는 점자點字들

– 「가을비」 중에서 –

호미 든 사람들
너의 가슴 사납게 파헤쳐
구멍 숭숭 상처만 남겨놓고 떠나가면
비명소리 보람으로 삼키며
주름진 가슴 하늘만 바라본다.

– 「갯벌」 중에서 –

김유정역에도
김유정우체국에도
김유정은 보이지 않고

깊이를 헤아릴 길 없는 하늘은
연꽃 사위어가는 연못에
발을 담근다.

-「김유정문학촌에 가다」 중에서 -

위의 시들을 보면 시인의 시각이 얼마나 밝고 투명한지 모르겠다. 시는 결국 자기의 눈높이만큼만 쓸 수 있다. 양 시인은 소재를 시적 상상력으로 승화시키며 시의 친밀성과 밀도를 높이기 위해 소재의 의인화擬人化를 철저히 구사하고 있는 시인이다. 어떤 소재도 시인 자신의 자족감으로 내재화內在化가 이루어지게 되면 가을비는 이미 가을비가 아니고 가을비가 죽비가 되고 점자가 되는 것이다. 양 시인의 시는 생명에 대한 소중함과 그 생태적 순환의 세계를 아이의 눈빛 같은 정서로 들여다보고 있음을 본다. 가장 연약하고 가장 작은 것에 대한 배려심이 시어 곳곳에서 나타난다. 이마 가슴에 이슬 같은 투명한 눈물이 고여 있다가 시어로 빚어지는 것 같다. 천성이 여린 분이다. 세상에 모든 생명들에게 그 가치를 지켜 주고픈 모성애 같은 심성에서 쓰여지는 시들이 정겹고 운율이 살아 있다

양 시인이 쓰는 시에서 가장 밑바탕을 이루는 것은 휴머니즘人文主義, humanism이다. 인간의 존재를 중요시하고 인

간의 능력과 성품 그리고 인간의 현재적 소망과 행복을 귀중하게 생각하며 더불어 함께 사는 세상을 꿈꾸는 정신을 가졌기에 시인은 지나 온 날의 아픔도 슬픔도 미움도 시어 안에서 화해가 되고 풀 한 포기 하찮은 돌멩이 하나까지도 예사롭게 보지 않는 따스한 시각을 가졌다.

도깨비 상가
좁은 통로 사이사이
진짜도 가짜도
주문만 하면 다 나오는
마법의 가게들

가판에 펼쳐진
헐렁한 삶이
승리의 깃발처럼 나부끼고

뒤척거리던
내 허기진 꿈이
종종거리는 비둘기에
걸려 넘어진다.

–「남대문시장」 중에서 –

바람이 세월을 옮겨
바다와 육지의 경계를 긋고
하늘과 땅 사이
살아 있는 모래성을 쌓는 곳

돗토리 사구 모래 언덕에
얼룩진 한숨을 묻고 돌아 설 때
한사코
등을 떠미는 바람

-「돗토리 사구沙丘」 중에서 -

새우 튀김은 통째로 먹어야 한다는 말에
말똥말똥한 새우 눈알 쳐다보다
눈 질끈 감고 삼키고 만
태생이 좀 모지리인 내가
술 마시지 않고도 취하는 자리

-「뒤풀이」 중에서 -

도심 한 복판에 자리 잡고 있는 남대문 시장 도깨비 상가 풍경을 내 삶을 투영하여 끄집어 낸 시어들이 무언가 상실한 것 같은 헐렁한 색채를 띄우고 있지만 넘치지도 모자라지도 않는 절제된 언어로 잔잔하게 그려낸 서정적 표현이 돋보인다. 시는 낯설게(defamiliarization) 하기란 말이 있다. 같은 소재를 가지고 전혀 남과 다른 시어를 찾아내어 차별화시키는 방법을 일컫는 말이다. 그렇다면 남과 다른 시어를 찾아내는 낯설게 하기가 쉬운 작업일까? 결코 그렇지 않다.

시인이 그간 살아 온 세월과 경험 그리고 지적인 자아에서 얻어진 연륜이 자기만의 언어로 자기만의 상상력으로 표현 될 때만 가능한 것이다. 시는 자기 삶의 응축된 경험이 밑바탕이 되기 때문에 술 마시지 않고도 취하는 자리라는 남과 다른 구체적인 언어로 그려낼 수 있는 것이다. 표피적인 감상만 가지고는 시가 될 수 없다.

돗토리 사구 모래 언덕에 얼룩진 한숨을 묻고 돌아설 때에 한사코 등 떠미는 바람은 살아 있음의 증거요. 주어진 삶에 대한 애착을 반어법으로 강조한 함축이요 은유이다. 우린 사유하는 만큼 성숙해지고 사유하는 만큼 강해지는 존재이다. 사람과 사람이 만나는 인연 중에 가장 진국인 사람은 많이 아파 본 사람, 잃어버린 것이 많은 사람이다. 즉 남의 아픔을 내 아픔으로 받아들일 수 있는 사람, 그래서 참된 비극을 아는 자만이 희극을 쓸 수 있다고 했다. 그런 면으로 보면 양 시인은 밝음 뒤에 그 어둠의 경계를 아는 시인이다

묵은 갈증이 기침을 불러 와
잠을 난도질하고
끌려 온 의식은
밤새 무성하게 가지를 친다

흥건하게 식은땀으로 번진 미련함이
펼치지 못한
하루를 끌어 내리고

접힌 하늘 펼쳐 반성문을 쓰니
맨살로 드러난 부끄러움이
쓴 웃음 짓는다

–「병가病暇」 중에서 –

아릿한 바람 내음을 따라
헤매어 온 날들 거슬러
작은 나룻배에 몸을 실었다

손바닥에 햇살을 쥐어보고
볼에 바람을 비벼 본다
베냇짓으로 나물을 캐니
울컥,

양수 내음이다

–「섬」 중에서 –

오장육부 관통한 설렘이

구석구석 투망질 해

앳된 사유를 끌어올려

평직平織으로 짜내면

달뜬 가슴 열고 나와

내 눈높이에 걸리는

시詩 한 편

–「시詩」 중에서 –

사람의 본성은 늘 하나의 패턴pattern을 받아들이고 그 패턴을 지탱하고자 한다. 그것이 어긋날 때 우린 두려움에 빠지기도 하고 방황도 하며 시련을 겪기도 한다. 우리가 순수하고 가식 없는 마음으로 사물을 바라보고 듣고 말하다 보면 나 자신도 모르게 순수한 색깔을 닮아 갈 수밖에 없다. 그러나 그 과정은 그리 쉬운 일이 아니다. 주어진 운명을 사랑하고 시련과 연단을 견뎌내며 슬픔마저도 되새김질하여 내 것으로 만들 때 맨살로 드러난 부끄러움의 의미를 알게 되고 손바닥으로 햇살을 쥐어도 보는 정화된 마음을 만나게 되는 것이다. 자기만의 패턴을 끝까지 지켜내고자 하는 것은 자기만의 무늬를 찾는 일이요, 자기만의 독특한 양식을 그려내는 일이며, 그 무엇과도 바꿀 수 없는 내 눈높이에 걸리는 시 한 편을 만나는 길인 것이다. 풀잎에 맺힌 이슬이 영롱한 빛으로 비쳐지기 까지는 밤새 몸을 떨며 새벽이 오기까지 그 인고의 시간을 참아내야만 크리스탈 같은 결정체가 되는 것처럼 시인은 사물의 겉모습보다 그 이면을 애정의 자세로 자세히 들여다보는 시안詩眼을 가지고 남이 듣지 못하는 세미한 음성을 들으며 작은 몸짓 하나도 결코 놓치고 싶지 않는 마음으로 정밀화 되어야 한다.

그래야 남의 심금을 울리는 보석 같은 시를 쓸 수 있는 것이다 그런 의미에서 보면 양 시인은 첫 번째 시집이지만 맛깔스럽고 군더더기가 없으며 어떤 대상이든 마주보기와 사랑과 생명에 대한 애착이 짙게 깔려 있다. 양 시인의 시 세계는 한마디로 자기만의 패턴을 간직하며 순수함과 꾸밈이 없는 정직성 그리고 누구나 쉽게 공감하는 소박한 언어로 표현해 내고 있는 시정적 작가이다. 불완전한 자아, 상실된 자아가 아니라 자기만의 색깔을 온전히 가지고 부족한 가운데서도 따뜻한 시선으로 위로하고 손 잡아주는 시인이며 존재에 대한 외경과 그 섭리를 언어라는 도구를 통해 아주 편안하게 그려내는 시인이다.

올망졸망 그 많던 식구들
세월 따라
하나 둘 떠나고 이젠
빈 쭉정이 같은 햇살만
등 돌리고 섰는
마당

– 「앞마당」 중에서 –

다 퍼내어 허기진 장독대
저 홀로 늙어가고
모과나무 감나무
그림자놀이에 지치면

홀로 사는 노모가
온종일 기다림 기워
펼쳐 놓은 밤하늘에서
잔기침 떨어진다

– 「친정집」 중에서 –

삶이란 끝없는 자기 물음이요 시적 화자를 통해 그 대답을 얻고자 하는 것이 시인의 길이다. 양 시인은 현재의 자아, 현재 주어진 세계를 부정적 시각이 아니라 그리움이란 정서를 가지고 조명해 보며 그 대답을 찾고자 빈 쭉정이 같은 햇살만 등 돌리고 섰는 마당에서 유년의 기억을 반추하고 있음을 본다. 고향도 옛날 고향이 아니지만 어머니 젖 냄새나는 그 공간에 객관화 시킨 언어로 그 의미를 부여하고 있다. 홀로 사는 노모가 온종일 기다림을 기워 펼쳐 놓은 밤하늘에서 별이 떨어지는 것이 아니라 늙어 가시는 노모의 잔기침이 떨어진다는 시어가 애틋한 감정을 드러내고 있다. 우린 늘 만남과 이별이라는 굴레를 벗어나지 못하고 산다. 언젠가는 우리는 다 헤어져야 한다는 전제 아래 그 멀어짐이 시에서는 바람이 되고 구름이 되고 꽃이 되고 노모의 잔기침으로 나타나는 것이다. 아주 참신한 표현이 더 가슴을 졸이게 한다.

온종일
혼자 놀다 지친 해가
호수에서 물장구치면
물비늘은 메밀꽃으로 피어나고

퇴근시간 되었다며
해를 건져 올린 바람에
옷자락이 걸린 나는
호수에 빠진 풍경을

소쿠리 가득 주워 담는다

– 「호수공원에서」 중에서 –

내려다보면
가난한 꿈들이 네온으로 피어나고
저만치 슬픈 다리는
밤 허리 휘어 감고 강물에 투신 한다

뒤척이는 강물
비탈진 삶이 잠꼬대 하는 밤
흑석동 언덕배기
바람의 이야기를 듣는다.

– 「흑석동 소회所懷」 중에서 –

독일의 철학자이며 교수였던 하이데거가 시는 “언어의 건축물이다.” 라고 말 한 것은 일상의 언어를 가지고 상상력을 동원하여 순간적으로 극대화시켜 작가 자신만의 독특한 시각의 집을 짓는 창조적 능력을 얘기한 것으로 믿어진다. 양 시인의 시를 살펴보면 다양한 소재를 통해 자신의 존재성과 삶에 대한 진지한 성찰을 가지고 시적 은유와 함축이라는 이름으로 용해된 작품들로 채워져 있다. 시적 화자가 자아라는 주체적 언어로 나타나 있지만 소재로 삼은 대상과 자아가 상호 관계로 조율되면서 하나의 대상을 대상으로만 끝내는 것이 아니라 시의 정서와 그 깊이를 정제된 사유로 이끌어내는 필력이 상당히 높은 지점에 와 있다.

시에서 주제와 소재가 균형과 조화를 이룬다는 것은 많은 습작기간이 없이는 불가능하다. 물론 문학성을 타고난 분도 있다. 그러나 그건 극히 드문 예이다. 양 시인은 습작기간이 그리 길지 않음에도 수준 높은 서정시를 써내고 있다. 분명 그간 안으로만 되새김질하던 언어들이 어느 날인가 시적 영감과 충돌하여 일시에 막혀있던 부분이 뜨겁게 분출한 것 같다. 양 시인은 비애와 슬픔의 감정들을 자극하지 않으면서도 읽는 사람으로 하여금 같은 공간에서 함께 숨 쉬게 하는 기법을 이미 터득한 시인이다.

짧은 시간에 한 시인의 시를 평한다는 것은 그리 쉬운 일이 아니다. 시는 작가가 살아 온 반응이요, 그 사유의 결정체이며 살아 있음의 가치이기에 결국 시평詩評은 제한적이고 평을 하는 사람의 주관적 사고요 짧은 시각일 수밖에 없다. 그럼에도 불구하고 우리 양 시인은 이제 뻗어갈 날만 남았다. 이제 우리 문단의 문향 가득한 시집 한 권이 세상에 선을 보인다. 현재에 만족하지 말고 더욱 정진하여 새 지평을 여는 시인이 되길 기원해 본다.

2019년 5월 용인에서 이훈식